LE GUIDE
des Acheteurs,

ou

ALMANACH
des Passages de l'Opéra.

Janvier 1826.

Paris,
IMPRIMERIE DE DAVID,
BOULEVART POISSONNIÈRE, N° 6.

Lith. de Langlumé.

Passage de l'Opéra.

LE GUIDE
des Acheteurs,

OU

ALMANACH
des Passages de l'Opéra.

Exercice 1826.

Paris,

IMPRIMERIE DE DAVID,

BOULEVART POISSONNIÈRE, N° 6.

AVANT-PROPOS.

Depuis quelques années Paris a vu s'élever dans son sein plusieurs galeries ou passages. Outre l'avantage de faciliter les communications, ou d'offrir aux promeneurs un abri contre la chaleur et surtout contre la pluie, ces établissemens en présentent un plus important sans doute : véritables bazars, ils réunissent dans une même enceinte un grand nombre d'états différens, et l'acheteur y trouve en un instant tout ce qu'il ne pourrait peut-être pas se procurer hors de là, sans être obligé de parcourir souvent plusieurs quartiers de la capitale.

Mais la plupart des galeries se trouvent placées au centre des quartiers marchands : en les construisant on n'a fait, en quelque sorte, qu'accumuler des magasins au milieu de magasins, et accroître ainsi la quantité des vendeurs, tandis que celle des acheteurs ne peut être que toujours à peu près la même. Les galeries du passage de l'Opéra ne sont pas de ce nombre : il suffit, pour s'en convaincre, d'en considérer la situation. Placées sur le boulevart des Italiens, le plus fréquenté de Paris, peu éloignées de la Bourse et de plusieurs spectacles, et servant ainsi de point de réunion aux personnes qui veulent se livrer ensemble le matin aux affaires et le soir aux plaisirs; non loin des rues de Richelieu et de la Paix, où de beaux hôtels garnis reçoivent tous les jours une foule d'étrangers; non loin surtout de la Chaussée-d'Antin, le quartier par excellence, où l'on compte tant de riches hôtels et à peine de loin en loin une petite boutique, les galeries du passage de l'Opéra offraient donc aux marchands qui y ont formé des établissemens, l'espoir d'y recueillir le fruit de leur industrie, et aux consommateurs celui de trouver dans ce nouveau bazar un choix aussi beau que varié dans les divers articles dont ils viendraient s'y fournir : ni les uns ni les autres n'ont été trompés dans leur attente, et l'on peut dire que les passages de l'Opéra prennent tous les jours plus de consistance; l'accroissement de plusieurs établissemens et la quantité de personnes qui fréquentent les galeries en sont la meilleure preuve.

Le bâtiment du passage de l'Opéra se compose d'une façade sur le boulevart, où se trouvent plusieurs magasins, au-dessus desquels sont de fort beaux appartemens, et de deux galeries parallèles, surmontées de deux étages, et dont les rez-de-chaussées sont ornés de beaux magasins. Ces deux galeries, qui ont chacune leur entrée principale sur le boulevart, aboutissent l'une et l'autre sur la cour de l'Opéra; et par deux couloirs qui permettent de traverser cette cour à pied sec et dans tous les sens, elles conduisent : celle de l'Horloge au Bureau de la location des loges de l'Académie royale de musique et du théâtre Italien, ainsi qu'aux rues Pinon et Grange-Batelière, puis de là à tout le haut du faubourg Montmartre, et celle du Baromètre à la salle et au café de l'Opéra, aux rues Pinon et Lepelletier, et enfin à tout le quartier de la Chaussée-d'Antin.

Au moyen des couloirs dont nous venons de parler et que les propriétaires du passage de l'Opéra ont fait construire tout nouvellement, les personnes qui voudront, pour se rendre aux galeries, éviter la traversée désagréable, par le mauvais temps, de la contre allée du boulevart, pourront descendre de leur voiture sous le grand auvent de l'Opéra, ou sous ceux des rues Pinon et Grange-Batelière, et arriver aux galeries à pièd sec, comme nous l'avons déjà dit.

Après avoir fait connaître la situation et l'ensemble du passage de l'Opéra, il reste au *Guide des acheteurs* de faire connaître aussi chacun des établissemens que ces passages renferment : c'est ce dont nous allons nous occuper (1).

(1) L'établissement des passages de l'Opéra, est géré par M. FUZELIER, l'un des propriétaires, son bureau est établi dans la galerie du Baromètre, escalier K au deuxième. — Sa demeure rue du faubourg Montmartre, n. 45.

LE GUIDE
des Acheteurs.

FAÇADE SUR LE BOULEVART.

Avant de parcourir les Galeries du passage de l'Opéra, nous allons visiter les divers magasins qui en dépendent aussi, et qui longent le boulevart. En commençant par notre gauche, lorsque nous regardons la façade de ce beau bâtiment, nous trouvons :

1 M. Daubancour, horloger. Son magasin offre un grand assortiment de pendules en tous genres; l'élégance et la perfection, voilà ce que l'on cherche dans les objets d'horlogerie, et voilà ce que l'on est certain de trouver dans tout ce qui sort des magasins de M. *Daubancour*.

2 M. Cartier, successeur de madame veuve Cartier, sa mère. Madame Cartier était avantageusement connue comme fleuriste. Elle laissa donc à son fils, avec son établissement, une réputation difficile à soutenir. M. Cartier fit plus que conserver cette réputation : il sut l'accroître encore ; en un mot l'art chez lui se montre toujours l'heureux rival de la nature.

3 Un bureau de loterie. Il a une entrée particulière dans l'allée à côté.

4 Le grand café-restaurant de M. Douix, gendre de M. Prévost du Palais-Royal.

La *Cuisine*, chez nous, a suivi comme tout le reste, l'impulsion du siècle : elle a donc aussi ses perfectionnemens et ses inventions nouvelles. D'habiles cuisiniers, brûlant d'un autre feu que celui de leurs fourneaux, ne se contentent pas, en effet, de perfectionner des mets déjà connus, c'est trop peu pour leur génie ; mais ils en inventent encore de nouveaux et acquèrent ainsi un titre à la gloire et à la reconnaissance de nos d'*Aigrefeuille*.

Parmi ces vrais artistes en cuisine, nous

devons citer le propriétaire du café-restaurant des galeries de l'Opéra. La finesse des vins, jointe encore à la délicatesse des mets, fait de sa maison le rendez-vous des gastronomes de la Chaussée-d'Antin.

Enfin, des salons spacieux et décorés avec goût, faisant partie de cet établissement, permettent d'y donner de grands repas de commande, tandis que de petits cabinets charmans y reçoivent les convives moins nombreux.

5 MM. Didier frères, marchands de draps et tailleurs. On trouve dans leur magasin un grand assortiment d'étoffes en tous genres, pour homme, et dans le goût le plus nouveau. L'élégance de leur coupe place MM. Didier au rang des tailleurs avantageusement connus dans la capitale; leurs prix modérés, et la célérité qu'ils mettent à faire exécuter les commandes qu'ils reçoivent, méritent à leur établissement la faveur particulière dont il jouit.

6 MM. Simon Gaveaux et Cie, marchands de musique, cités depuis long-temps pour leur grand assortiment de musique tant an-

cienne que nouvelle. C'est chez eux que paraissent toutes les productions de M. Amédée de Beauplan, compositeur plein d'esprit et d'originalité, dont les airs charmans se trouvent sur tous les pianos presque aussitôt qu'ils paraissent. Il en sera de même sans doute de l'*Album musical*, du même M. Amédée de Beauplan, que MM. *Simon Gaveaux* et Cie viennent de publier, enrichi de lithographies par Carle Vernet, V. Adam, Lepaule Desmoulin, etc. C'est, ainsi que le même Album, avec accompagnement de guitare par Carulli et Meissonnier jeune, un des plus jolis cadeaux que l'on puisse faire pour étrennes.

Parmi les morceaux de musique qui font aussi partie du fonds de MM. *Simon Gaveaux* et Cie, nous pourrions citer divers œuvres de MM. Woest, Sejan, Amédée Merreaux, Duvernoy, etc. *Les mélodies* des principaux opéra de Rossini, pour deux violons ou pour violon et guitarre, arrangées par Carulli; les *Nouvelles Récréations* pour violon principal avec accompagnement de basse *ad libitum* par J. C. Petit, et un grand nombre d'autres ; mais nous renverrons à leur catalogue. Nous voulions donner seulement une idée de la variété du fonds de musique de MM. *Simon Gaveaux* : ce que nous en avons cité doit suffire.

On trouve aussi chez eux un bel assortiment d'instrumens en tous genres.

7 M. Devaux, cordonnier pour dames. Ce n'est pas seulement un artiste en chaussures comme tant d'autres dont nous annonçons ici le magasin ; M. *Devaux* s'est occupé de la confection des *socques*, dont l'usage est à peu près général, et l'amélioration qu'il y a apportée lui a valu un brevet de perfectionnement. Nous lui devons donc les *soques articulés* de deux à sept brisures, à talons mobiles et à ressorts, à simple pression, sans clef ni vis, et les *socques douillettes*, pesant trois onces, spécialement consacrés à l'usage des dames.

8 Magasin de papiers de tenture peints et veloutés de M. J. Cartulat, gendre de M. Simon. Ce magasin est très-avantageusement connu par la beauté et la richesse

de ses papiers peints et veloutés, dont les dessins sont d'un goût exquis.

On trouve aussi chez M. *J. Cartulat*, des papiers de tenture moins riches, par conséquent moins chers, qui imitent parfaitement ceux veloutés, et dont se décore l'appartement simple, mais élégant de la petite propriété; enfin l'artisan peut y venir chercher les deux ou trois petits rouleaux de papier à 75 c. dont il veut embellir la chambre qui forme, à elle seule, son appartement complet.

M. *J. Cartulat* tient aussi une fabrique de paravens de toutes dimensions; il fait des envois dans les départemens et à l'étranger.

Si maintenant nous revenons un peu sur nos pas, en repassant devant les magasins de MM. Devaux et Simon Gaveaux dont nous venons de parler, nous nous trouvons à l'entrée de la *Galerie de l'Horloge*, ainsi appelée à cause de celle dont on voit le cadran au fond de la galerie (1).

(1) Cette horloge, que l'on peut comparer pour la perfection à celles des Tuileries et de l'Hôtel-de-Ville, sort des ateliers de M. Wagner, horloger-mécanicien, rue du Cadran.

GALERIE DE L'HORLOGE.

Cette Galerie contenait primitivement vingt-six boutiques ; mais, comme nous l'avons déjà dit, plusieurs marchands, forcés par l'accroissement de leurs affaires d'agrandir leur magasin, en ont réuni deux en un. Nous allons, en les parcourant, suivre leur ordre numérique, bien que les numéros pairs soient d'un côté, à droite, et ceux impairs de l'autre côté ; par ce moyen nous n'aurons point à revenir sur nos pas.

1 MM. Didier frères, tailleurs. Leur magasin nous est déjà connu ; nous l'avons visité en parcourant ceux situés sur le Boulevart où il a sa principale entrée ; voyez page 11.

2 Entrée, par cette galerie, du magasin de musique de MM. Simon Gaveaux et Cie ;

voyez pour ce qui concerne leur magasin, page 11.

Mais vos regards se portent à gauche, et semblent vouloir deviner où descend l'escalier qui se trouve sous ce petit perystile? Revenez au soir, un jeudi ou un dimanche: le beau chœur des Chasseurs, et la jolie walse de Robin des Bois que vous entendrez, vous diront par le seul mouvement que leur donne l'orchestre... Mais pourquoi reviendriez-vous? Tenez, voyez sur cette colonne : IDALIE, FÊTE D'HIVER; *Bal paré, à grand orchestre, dirigé par* WEBER; *séances comiques* de Frédéric; *billard, billard chinois; exercices gymnastiques* et autres divertissemens; *spectacle maritime;* puis au bas de l'affiche, prix : 2 fr. pour un homme, et 50 c. pour une dame... Les plaisirs, les jeux, les ris, etc., peuplaient l'Idalie d'autrefois; il en est encore de même de l'Idalie d'aujourd'hui.

3 et 5 *Au chapeau de paille d'Italie.* Magasin des mieux assortis en soieries, nouveautés et articles de fantaisie, français et étrangers, tenu par madame LEUBE. Ce beau magasin

est de jour en jour plus fréquenté, et ce n'est pas sans raison : les relations que madame *Leube* entretient avec l'étranger, la mettent à même de tirer de la première main les objets les plus importans de son commerce, et de les livrer aux acheteurs à des prix modérés. On trouve chez elle un fort beau choix de chapeaux de paille d'Italie et paille cousue ; de pelisses et manteaux pour dames, parfaitement faits ; des écharpes, cravates, etc., et le plus bel assortiment de rubans en tous genres que l'on puisse désirer.

4 Entrée de la galerie de tableaux de l'école moderne, dessins, lithographies, etc., de MM. Sazerac et Duval.

Jetons, si vous le voulez, jetons un coup-d'œil sur les nombreuses estampes lithographiées qui décorent cette entrée ; mais croyez-nous, malgré leur mérite, ne nous arrêtons pas aux *bagatelles de la porte*, et montons visiter la galerie de tableaux où cet escalier va nous conduire.

Nous n'entreprendrons pas d'examiner en détail toutes les richesses de cette ga-

lerie : nous nous bornerons seulement à citer les tableaux les plus remarquables qu'elle renferme : tels sont le *Poniatowski*, par HORACE VERNET; l'*Alsacienne*, par CHEFFER; *la Toilette*, par PRUD'HON; *le Braconnier surpris*, par LAVAUDEN; *l'Education d'Achille*, par REGNAULT, tableau de concours dont la copie, grande dimension, est au Luxembourg; *la Mère malade*, *Alain Chartier*, par BEAUME; *les Savoyards*, par DUBUFE; *la Cène*, par PAGNIEST; *la Charette du plâtrier* et *le Maréchal ferrant*, par GERICAUT; *un Intérieur*, par BOUTON; *un Moulin*, par WATELET; *une Halte militaire*, par BELLANGER; *l'Oiseau mort*, par GENOD de Lyon; *un Prêtre portant le Viatique*, par JACQUAND aussi de Lyon; *des moutons dans une prairie*, par VERPOOT de Bruxelles, dont le talent égale celui d'Ommeganeck; *un Concert*, par DEMARNE, dont *le faire* rappelle les bons modèles de l'école flamande; des dessins charmans de GERARD et de CARLE VERNET, et enfin *les Amours des Gaules*, ou collection de fort jolis tableaux dus aux pinceaux de madame

Haudebourg-Lescot, d'*Horace Vernet*, *Blondel*, *Leprince*, *Rouget*, *V. Adam*, *Cheffer*, *Destouches*, *Bitter*, *Schmit*, *Saint-Yves* et autres maîtres de l'école française, représentant les princes et princesses de la cour de France qui se sont fait connaître par leurs amours heureux ou malheureux. Ces tableaux seront traduits, si nous pouvons nous servir de cette expression, par l'admirable crayon de MM. Maurin frères, qui ont acquis dans l'art du dessin lithographique une réputation méritée, et paraîtront, accompagnés chacun d'une notice historique, rédigée par M. de Musset-Pathay. L'ouvrage entier qui formera de quinze à vingt livraisons contenant chacune quatre tableaux et quatre notices, se trouvera chez MM. Sazerac et Duval, qui en sont les éditeurs.

Si nous voulons en apprécier d'avance le mérite lithographique, jetons les yeux sur les ouvrages qu'ils ont déjà publiés sous les titres de *La France au dix-neuvième siècle*; *Un mois en Suisse*; *Vues pittoresques d'Italie*; *Sacre de S. M. Charles* X, ouvrage où principalement la lithographie a été portée à un degré de perfectionnement auquel on ne l'avait pas encore vue parvenir, et nous nous convaincrons bientôt que *La chronique amoureuse de la cour de France* sera bien au-dessus de l'idée la plus avantageuse que l'on aurait pu s'en former.

MM. *Sazerac et Duval* ont reçu d'Angleterre un fort joli assortiment d'objets propres à être donnés pour étrennes, tels que jouets d'enfans, pour la plupart d'un genre tout-à-fait nouveau ; boîtes en marqueterie d'un travail très-remarquable : écrans peints, transparens et autres ; écrans et pupîtres chinois ; porte-crayons ; souvenirs et serre-papiers, etc.

Nous indiquerons leurs salons aux personnes qui, à l'époque du jour de l'an, voudraient faire emplette de jolies étrennes, ainsi qu'aux marchands qui trouveront à s'y fournir avec avantage.

6 *A la Botte-Soulier*, magasin de chaussures pour hommes, de M. Lapaugne, auquel nous sommes redevables de l'invention des

bottes-souliers, imitées aussitôt par les autres bottiers, et adoptées par nos élégans. On trouve chez lui des bottes, bottines et souliers en tous genres, et les mieux confectionnés. L'ancien établissement que M. Laprugne conserve en outre, rue du Bouloy, jouit d'une réputation trop bien acquise pour que les consommateurs puissent jamais craindre de s'adresser de confiance à son magasin des galeries de l'Opéra,

7 *A la bonne foi*, magasin de MM. Legrand et Méloche, culottiers, marchands gantiers, guêtriers, bandagistes. Leur fabrique est connue depuis long-temps pour la solidité et l'élégance des bretelles et jarretières élastiques de toutes façons, ainsi que pour la bonne confection des gants de toutes qualités, culottes et pantalons, guêtres de chasse et autres, cols blancs et cols de velours, etc. Le magasin qu'ils ont formé dans cette galerie étant le dépôt de leur fabrique, on peut donc être assuré d'avance de la bonne qualité des marchandises dont on pourra s'y fournir.

On trouvera en outre, chez MM. Legrand

et Méloche, un assortiment de parfumerie en tous genres.

8 Magasin de *Marabouts* de M. Letouzé. Il renferme un grand assortiment de marabouts massés et variés de toute manière, tant pour toques et chapeaux que pour la composition des coiffures où ils font toujours un fort bon effet. Ce magasin est peut-être le seul dans Paris qui puisse offrir un aussi beaux choix en ce genre, et à des prix aussi modérés.

9 Joli magasin de bonbons, tenu par mademoiselle Tuggs. Si nous vivons dans un siècle où les bonnes choses se propagent, il ne faut donc pas s'étonner de la grande quantité de magasins de bonbons qui se sont formés depuis quelques années : on dirait que la rue des Lombards, que Berthélemot, l'inventeur de la littérature en papillottes, a rendue si célèbre, est maintenant dans presque tous les quartiers de Paris. Le génie du confiseur s'est déjà montré si fertile, que l'on pourrait craindre de ne lui voir rien enfanter cette année. Eh quoi! il faudrait offrir pour étrennes en 1826, ce que l'on

a offert en 1825!... Qu'on se rassure ; cette année verra paraître encore des bonbons nouveaux qui, satisfaisant le goût autant que la vue, ne pourront manquer d'avoir la vogue. On en trouvera chez mademoiselle Tuggs, avec un des plus jolis assortimens que l'on ait encore vu en *cartonnage*, c'est-à-dire, en bonbonnières, boîtes de formes diverses, dans le choix desquelles l'acheteur se verra souvent embarrassé.

Ce magasin fait un grand débit de sirops en tous genres, dont il est parfaitement assorti, et qui déjà n'ont pas peu contribué à le faire connaître avec avantage dans un grand nombre de maisons de la Chaussée-d'Antin.

10 et 12 Grand et beau magasin de porcelaines de MM. Baruch et Cerf Weil, fabricans brevetés pour perfectionnement.

Annoncer que M. *Baruch* et *Cerf Weil* ont obtenu un brevet de perfectionnement dans un art qui a déjà fait de si grands progrès qu'on pouvait aisément le croire arrivé à son dernier période de perfection, c'est faire en peu de mots l'éloge de ces habiles fabricans, et celui des produits de leur fabrique. On ne peut penser aux essais, souvent infructueux, qu'il a fallu faire avant d'avoir pu obtenir quelques résultats aussi satisfaisans, sans songer en même temps aux travaux, aux fatigues et aux peines que ces essais ont entraînés avec eux, et l'admiration rappelle alors à notre mémoire l'histoire de celui qui a trouvé seul les moyens de rendre les couleurs et les émaux fusibles au même degré, de maîtriser le feu et de préserver les pièces des accidens de la cuisson; ce seul homme est un Français, nous nous faisons gloire de le dire, et cet homme, né en 1514, dans le diocèse d'Agen, est, comme on le sait, *Bernard Palissy*.

On faisait, à cette époque, des faïences émaillées en Italie; mais le secret par lequel on les obtenait n'avait pas encore franchi les Alpes. Palissy qui en avait vu, se mit en tête de les imiter, et chercha à découvrir les émaux comme un homme qui, selon ses expressions, *taste en ténèbres*. Il nous semble le voir, comme il le dit, pilant lui-même toutes les matières qu'il croyait propres à son objet ; contruisant seul des fourneaux dont tantôt il va chercher sur son dos les briques que demandaient ces constructions, et tantôt démolissant encore seul ceux qu'il avait élevés pour faire avec leurs matériaux d'autre fourneaux qu'il pensait devoir être plus propres à ses essais : se blesser et travailler toujours. Il nous semble encore le voir n'obtenant que des résultats pour la plupart incertains, mais qui lui laissent quelques espérances, brûlant alors les treillages de son jardin et les planchers de sa maison, faute de bois et d'argent pour s'en procurer. Exposé jour et nuit à toutes les intempéries de l'air, parce qu'il ne peut faire couvrir ses fourneaux ; parvenu, par suite de fatigues, de veilles et de privations, à un tel point de maigreur que pendant plus de dix ans, ses bras et ses jambes ont perdu leur forme ordinaire; endetté et abandonné de tout le monde, regardé comme un fou et même exposé à des humiliations, voyez encore Palissy poursuivant toujours ses travaux. Il ne lui restait plus que le temps et son génie : le premier deces deux biens lui était commun avec ses semblables ; mais le second était à lui seul, et dans sa plus grande misère il était encore bien plus riche que beaucoup d'autres hommes. C'est avec cette richesse, et après quinze années des travaux les plus pénibles, qu'il trouva et perfectionna tout à la fois le secret qu'il avait pour ainsi dire deviné avant de le connaître, et fit présent à sa patrie d'un art tout entier. Mais quelle fermeté d'esprit, quelle force d'âme, quelle énergie de caractère, quelle puissance de volonté ne lui fallut-il pas !... Voilà le génie : le feu sacré était en lui.

Pour effacer ce que ce tableau peut avoir d'affligeant, disons bien vîte que le mérite de Palissy fut enfin reconnu et récompensé : il eut des protecteurs, acquit de la fortune, une grande considération et des distinctions honorables. Il vint à Paris professer l'histoire naturelle, science qui lui dût aussi des progrès ; appelé à la cour, il fut logé aux Tuileries, avec le titre d'*inventeur des rustiques figulines du roy et de la royne sa mère;* il eut même, à ce qu'il parait, celui de *gouverneur* du château, et le surnom de Bernard des *Tuileries*. Honneur, honneur à l'industrie !

L'histoire de Palissy nous a un peu éloignés de l'objet principal de cet article ; mais cependant elle s'y rattachait plus qu'on ne pourrait le croire : avant de citer ceux qui ont perfectionné les émaux, nous devions bien parler de celui qui avait trouvé le secret de les faire ; ce sont en effet les procédés de Palissy que MM. *Baruch* et *Cerf Weil* ont porté maintenant au plus haut degré de perfectionnement. Leur émail résiste à l'action du feu la plus forte ; cette propriété qu'ils lui ont donnée, leur a valu le brevet accordé par le roi dont nous avons déjà parlé, et de plus, l'un d'eux vient d'être décoré.

On cite encore les produits de leur manufacture pour le fini des peintures et l'élégance des formes. La *platerie*, l'article le plus difficile à confectionner, est d'une beauté rare dans leur fabrique ; aussi leurs magasins ont-ils fixé depuis long-temps le choix des personnes qui font de grandes expéditions.

11 M. Descamps, déjà connu avec avantage au Bazar incendié l'année dernière. Son magasin renferme en tableterie, bijouterie d'acier et bronze, un choix très-remarquable d'objets de sa fabrique. On y trouve surtout un grand assortiment de boîtes à ouvrage et nécessaires, fabriqués aussi chez lui ; une foule d'articles de goût charmans, et tout ce que l'on peut désirer de mieux et de plus nouveau en parfumerie.

12 Voyez page 23, magasin de porcelaines de MM. *Baruch et Cerf Weil.*

13 Magasin de modes de Mlle. Simon. Ce magasin est cité avec avantage pour la fraîcheur et l'élégance des objets que l'on y confectionne. Ses relations s'étendent jusque dans les départemens et à l'étranger, où elle fait des envois.

14 M. Havoué, tailleur. Son magasin se fait remarquer par le beau choix des étoffes qu'il renferme et la bonne qualité des objets qu'on trouve chez lui tout confection-

nés. Il est une des victimes de l'incendie du Bazar ; mais il est inutile de rappeler ce terrible événement : son talent suffit pour le recommander.

15 Magasin d'orfèvrerie plaquée d'or et d'argent, de M. J. F. Veyrat, *breveté du Roi pour perfectionnement* et fournisseur breveté de Mgr. le Dauphin.

Paris ne renferme guère que cinq ou six bonnes fabriques d'orfèvrerie plaquée, parmi lesquelles celle de M. Veyrat, située rue de la Tour-Fossés du Temple, n° 8, tient un rang distingué ; ce magasin forme le dépôt de sa fabrique. Tout ce qu'on voit ici mérite d'être remarqué, tant pour la beauté des formes que le fini du travail. Nous citerons cependant plus particulièrement une très-belle *fontaine à thé* placée au milieu du magasin : plusieurs soupières, toutes d'un joli modèle ; divers huiliers fort élégans ; des vases différens entr'eux par la forme, mais égaux par le bon goût des ornemens qui les décorent, et la beauté de leur exécution, etc., et qui prouvent à quel degré de perfection M. Veyrat a su porter son art. L'orfévrerie plaquée est aujourd'hui une branche d'industrie importante pour notre pays, puisqu'il s'en fait maintenant, en France, pour plusieurs millions par année; les détails suivans qui la concernent seront peut-être lus avec quelque intérêt.

Les premiers essais de plaqué furent faits en Angleterre, il y a environ quarante ans; mais ce n'est que depuis vingt à vingt-cinq ans que l'on a commencé à faire quelques petites pièces d'orfèvrerie plaquée; maintenant, on fait en ce genre tout ce que l'on peut désirer. Ces pièces s'estampaient d'abord au moyen du balancier ou du mouton, puis on les assemblait et l'on employait le marteau pour la retreinte: actuellement on se sert du tour et des mandrins, procédé plus expéditif, qui donne plus de régularité au travail et permet de faire les pièces les plus difficiles, telles que le vase placé pour enseigne au dessus de la porte du magasin de M. Veyrat.

On dit d'une pièce qu'elle est plaquée au cinquième, au dixième, au vingtième:

Le Guide des Acheteurs doit faire connaître ces désignations aux personnes qui pourraient les ignorer. Un objet plaqué au cinquième se compose de quatre parties de cuivre et d'une d'argent, et ainsi du reste. Il est à propos de dire aussi que le plaqué doit être empreint de deux poinçons: celui du fabricant et celui qui indique à quel titre il est plaqué. Mais comme ces poinçons se trouvent toujours dans les mains de ce fabricant, si celui-ci n'était pas délicat, la pièce sortie de chez lui pourrait porter le poinçon d'un titre qu'elle n'aurait pas : on voit donc combien il est important pour les acheteurs de ne s'adresser qu'à des personnes dignes de toute leur confiance.

16 et 18. Magasin de M. Pichenot, l'un des mieux assortis de la capitale, dans tout ce que l'industrie peut faire de mieux en ivoire et nacre de perle; en tabletterie fine, française et étrangère; en petits bronzes, tels qu'écritoires dans tous les genres et de plus de cent formes différentes, presse-papiers, veilleuses, bustes de la plupart

de nos hommes célèbres, d'une ressemblance et d'un fini parfaits. On trouve aussi chez lui tout ce qui concerne la peinture et le dessin, comme pinceaux, couleurs, palettes, crayons, estompes, etc. Un grand nombre d'articles de nouveautés pour les dames. De fort jolis écrans, porte-visites, boîtes à jeu, jeux nouveaux; évantails des plus jolis, de fabrique française, chinoise et anglaise; enfin une foule d'objets dignes d'être offerts pour étrennes. Ses relations avec Dieppe, pour les ivoires, ont donné l'idée à M. Pichenot de réunir dans son magasin un choix des plus jolies dentelles qui se fabriquent dans cette ville.

M. *Pichenot jeune* vient de faire faire en bronze le buste du général Foy. Ce buste coulé d'après une cire modelée sur le plâtre moulé sur la figure du général, après sa mort, ne laisse rien à désirer pour la ressemblance : il en est de même pour le fini du travail, car il sort des mains d'un de nos premiers artistes en ce genre.

Nous ne pouvons faire connaître le magasin de M. *Pichenot jeune* que bien imparfaitement, malgré les détails dans lesquels nons venons d'entrer : ce magasin manquait dans ce quartier, et il en est peu qui puisse l'égaler à Paris.

17 Magasin de lingerie et de nouveautés de Mlle. Detot. On y trouve tout ce qui concerne ce genre d'établissement : toiles, mousselines, mérinos, schalls, dentelles, cravates, foulards, etc., et il justifie la confiance que le public lui accorde.

18 Magasin de M. Pichenot jeune, marchand d'ivoires, tableterie, petits bronzes, etc. Voyez page 3.

19 et 21 Magasin de perles de M. Bourguignon, *breveté* du roi et inventeur de nouvelles perles artificielles, si remarquables par leur parfaite analogie avec celles naturelles, tant pour leur forme que pour leur poids, leur orient et leur dureté.

Ce magasin, le seul de ce genre à Paris, offre un fort beau choix de perles fines et autres, en masse, pour coiffure et garniture de robes; guirlandes de perles de l'invention de M. Roullier, article tout à fait nouveau; perles dorées pour placer dans les cheveux, les mêmes montées en colliers; parures complète de cour, de mariage et de bal, montées sur or et sur imitation, d'un goût exquis; grand nombre d'épingles, aussi en perles, montées en or et en imitation; enfin tout ce qui concerne la bijouterie en perles.

L'usage des perles remonte jusqu'à la plus haute antiquité. Cléopâtre en portait, et l'on cite comme les deux plus belles en forme de poires que l'on ait connues, celles qui ornaient les oreilles de cette reine si célèbre; ces deux perles étaient estimées quarante milles grands sesterces, à peu près quatre millions de notre monnaie. Vers la fin d'un souper qu'elle donnait à Marc-Antoine, Cléopâtre détacha de son oreille l'une de ces deux perles, et l'ayant fait dissoudre dans du vinaigre, elle l'avala devant son amant; elle en eût fait autant de l'autre si Marc-Antoine, étonné de cette magnifiscence, ne s'y fut aussitôt opposé. Cette seconde perle, unique alors dans le monde, apportée à Rome après la mort de Cléopâtre, fut achetée par Auguste, qui la fit scier en deux parties égales pour en orner les oreilles de la statue de Vénus de Praxitelle.

L'usage de se parer de perles passa aussi en France; mais ce fut surtout Agnès Sorel, et après elle Anne de Bretagne qui, ayant mis à la mode les grandes parures dans lesquelles on mariait les perles aux pierres de couleur, mit réellement les perles en faveur chez nous; du temps d'Agnès Sorel les hommes en ornaient même leurs habits. Les perles fines étaient cependant d'un prix trop élevé pour que beaucoup de femmes pussent s'en procurer : on chercha donc et l'on parvint à les imiter; cette découverte, due à un nommé Jaquin, date de la fin du règne de Henri IV.

Ce n'est pas seulement en France que l'on a essayé de contrefaire les perles fines : on les aussi imitées en Italie, en Allemagne et en Angleterre. Les perles fausses fabriquées à Rome sont d'une imitation plus parfaite que celles des autres pays; mais elles s'altèrent à la chaleur, et au lieu de la réhausser, elles ternissent même la blancheur du sein charmant sur lequel on les voit flotter. Les perles fausses de fabrique anglaise n'ont pas cet inconvénient ; mais elles sont très-fragiles, et celles d'Allemagne ont peu d'orient.

M. *Bourguignon*, à qui les arts industriels doivent plusieurs autres découvertes dont nous parlerons dans l'article suivant, vient d'inventer une composition qui, mise en œuvre par les procédés de M. Lelong, habile fabricant, donne une imitation parfaite des perles fines, tant pour le poids de celles-ci, que leur forme, leur orient et leur dureté. Ces perles fausses n'ont aucun des inconvéniens que l'on reproche aux autres ; et l'art, en les créant, laisse si peu de différence entr'elles et les perles fines, que dernièrement il en a été présenté en Angleterre à des joailliers qui les achetèrent pour des perles naturelles, supercherie qui donna lieu à un procès. La France doit donc à la découverte de MM. Bourguignon et Lelong une branche d'industrie tout à fait à elle, et qui ne peut manquer de devenir un jour d'un certain poids dans la balance commerciale.

On trouve dans ce magasin de ces nouvelles perles artificielles non montées et en gros, pour les marchands; les mêmes montées, formant de très-jolies parures pour la vente en détail. M. *Bourguignon* tient également les perles fines, ainsi que nous l'avons annoncé au commencement de cet article.

20 Magasin de bijoux imitant l'or, de M. Bourguignon, brevèté pour l'imitation du diamant et des pierres précieuses.

On trouve dans ce magasin un fort beau choix de peignes tels que peignes à diadèmes, *idem* à guirlandes dont les fleurs sont imitées en pierreries; brasselets à la duchesse; brasselets-couronnes, servant de peignes à volonté; parures complètes à camés et à pierreries; boucles de ceintures en tous genres; épis mouvans en imitation de diamans, pour les coiffures en cheveux; parures et diadêmes en diamans imités, etc., enfin tout ce qui concerne la bijouterie en imitation.

Le magasin de ce genre que M. *Bourguignon* possède rue de la Paix, n. 1, jouit depuis long-temps d'une faveur bien méritée ; le public ne pouvait pas faire moins pour celui-ci, et il l'a également adopté.

Nous venons, dans l'article précédent, de citer M. *Bourguignon* pour l'invention des nouvelles perles artificielles ; c'est comme inventeur d'une nouvelle composition contrefaisant parfaitement le diamant, et comme ayant imité avec le plus grand succès toutes les autres pierres précieuses que nous le signalons ici.

Le diamant est une des pierres qui, par son éclat, contribue le plus à embellir une grande toilette : il en est même le véritable complément. L'art de le polir ne date que de 1476, et la découverte est due à Louis Bergen qui, en frottant deux diamans l'un contre l'autre, s'aperçut qu'ils se polissaient mutuellement ; la poudre du diamant fut dès lors employée pour le polir. Depuis cette époque jusqu'en 1650, on ne le tailla qu'en pierre de table ; ce fut le cardinal Mazarin qui fit tailler les premiers *brillantés*, et ces diamans restèrent à la couronne sous le nom des douze Mazarins.

La taille du diamant ayant donc été perfectionnée, cette pierre fut très-recherchée comme parure : c'est alors qu'on s'occupa de l'imiter. Ce n'est cependant qu'en 1750 qu'un nommé *Strass* y parvint et inventa une composition à laquelle il a donné son nom. Depuis cette époque les procédés de Strass furent toujours suivis dans les imitations des diamans; mais en 1818, M. *Bourguignon* découvrit une nouvelle composition plus dure et prenant un plus beau poli; cette imitation du diamant nommée par le célèbre M. Haüy *Pierre adamantoïde*, fut admise à l'exposition de 1819, et valut à son inventeur une mention honorable et par suite une médaille. Parmi les autres pierres précieuses qu'il a imitées avec un égal succès, nous citerons celle appelée *crisoprase* qui forme des parures du plus bel effet.

On parle souvent de divers diamans, très-remarquables et très-extraordinaires par leur grosseur; on en compte cinq, qui sont :

1° Celui du Grand-Mogol; il pèse 279 karats 9/16e. Cette belle pierre fut trouvée dans la mine de Gani.

2° Celui de l'empereur de Russie; il pèse 195 karats. C'était un des yeux d'une idole de Brama; un grenadier français le lui arracha et le vendit à vil prix. Après avoir passé dans plusieurs mains, ce diamant fut présenté à l'impératrice Catherine II qui l'acheta deux millions deux cent cinquante mille francs comptant, et fit en outre au vendeur une rente de 25,000 francs.

3° Le diamant du grand duc de Toscanne; il pèse 139 karats 1/2; il est d'une très-belle forme, mais il tire un peu sur le jaune.

4° Le *Régent*, diamant de la couronne de France; il pèse 136 karats 3/4, et peut être regardé comme le plus beau diamant du monde, tant pour son eau que pour sa perfection. Il a coûté 2,500,000 francs, mais il vaut plus du double; il fut extrait de la mine de Pasteal et fut apporté d'Angleterre par le duc d'Orléans, régent. Il est placé au haut de la couronne royale, au milieu de la fleur de lis.

5° Enfin le Sancy; il pèse 55 karats, et a coûté 6,000 francs, mais il vaut aussi davantage. Il fut apporté par le baron de Sancy, ambassadeur de France à Constantinople. On citait encore celui de Portugal; mais il est reconnu que ce n'est qu'une topase blanche.

21 Magasin de perles de M. Bourguignon. Voyez page 33.

22 et 24 *Au Polichinelle Vampire*, magasin et fabrique de jouets d'enfans de Mme DETOURBET.

L'usage de donner des jouets aux enfans est très-ancien : Cicéron parle de poupées dans ses lettres à Atticus; plusieurs autres auteurs romains en parlent également, et nous apprenons par eux que les demoiselles romaines devenues nubiles, allaient faire offrande de leurs poupées à Vénus, en les déposant dans le temple de cette déesse. Ces auteurs ne nous disent rien de leurs magasins de jouets d'enfans, mais nous sommes portés à croire qu'ils étaient loin d'approcher de celui que nous annonçons ici.

Ce magasin offre en jouets le plus beau choix que l'on puisse désirer et que l'on ne trouverait pas partout ailleurs. La propriétaire de cet établissement, faisant fabriquer chez elle et en grand, est à même de pouvoir livrer tous ses articles à des prix beaucoup plus modérés que tout autre marchand. Son magasin renferme non seulement des jouets ordinaires, mais aussi tout ce qui se fait de plus beau en ce genre, comme poupées à ressorts et autres; petits meubles d'enfans, plaqués en acajou, tels que lavabo, tables, toilettes, etc.; des animaux fort bien faits, dont plusieurs de grandeur naturelle; jouets d'Allemagne en bois; jouets de tous genres, de fabrique anglaise; petits théâtres complets; enfin tout ce qui s'est fait de plus nouveau cette année, et dont plusieurs objets ne se trouvent que chez Mad. Detourbet seulement, ces objets sortant de sa fabrique, et n'ayant pas été imités.

23 Salon de M. Guérin pour le cirage des bottes et souliers, et magasin de cirage et de brosses de toute espèce.

Pendant long-temps le piéton crotté et qui voulait se présenter avec un certain air de propreté, était obligé de s'arrêter au coin d'une rue, et le pied allongé sur la sellette du jeune savoyard ou du laborieux commissionnaire; il attendait en plein air que sa chaussure rappropriée le fit briller d'un éclat nouveau. C'est maintenant dans des boutiques élégantes, dans d'espèces de petits salons qu'il va s'asseoir et lire les journaux en se faisant décrotter. Il y a environ vingt ans que l'on forma ce genre d'établissement. Le premier fut ouvert au Palais-Royal, à l'enseigne des *Artistes réunis*; et le second, situé au même lieu, s'emparant du titre d'un des jolis ouvrages de Picard, fit mettre au-dessus de sa porte : *A la manie de briller*. Ces établissemens se sont ensuite multipliés, et l'on en trouve maintenant dans les principaux quartiers de la capitale; celui que nous annonçons ici mérite d'être particulièrement distingué.

24 Magasin de jouets d'enfans de Mme DETOURBET. Voyez page 41.

25 Passage de communication entre cette galerie et celle du Baromètre.

26 Magasin de merceries et nouveautés de Mlle OURY. Ce magasin renferme un assortiment des plus complets de tout ce qui compose ce genre de commerce; il se distingue par la qualité des marchandises et leurs prix modérés.

GALERIE DU BAROMÈTRE.

L'entrée principale des galeries du passage de l'Opéra étant sur le boulevart, c'est en entrant par ce côté que nous allons commencer notre visite des magasins de la galerie du Baromètre, en suivant leur ordre numérique, ainsi que nous l'avons fait pour ceux de la galerie de l'Horloge.

1 Bureau de loterie cité page 10.

1 *bis.* Magasin de jouets d'enfans; il offre aux acheteurs un choix varié de forts jolis jouets en tous genres; on y trouve aussi un assortiment de socques pour hommes et pour dames.

2 Entrée par cette galerie du grand café-restaurant de M. Doux. Voyez page 10.

3 Concierge du passage; bureau des locations.

4 Entrée principale des salons et cabinet du restaurant de M. Douix, qu'on ne saurait citer avec trop d'éloges. Voyez page 10.

5 M. Potdevin, pâtissier, successeur de *Félix*. La réputation de son établissement du passage des Panoramas, réputation méritée à juste titre et depuis long-temps, nous dispense de faire son éloge.

6 et 8 *Aux petits Gobelins*. Magasin de M. Pichenot jeune. Ce magasin renferme l'assortiment le plus complet que l'on ait encore vu en objets nécessaires à l'occupation des dames, tels que fils de toute espèce; cotons blancs et de couleur, pour tricoter, broder et coudre; laines blanches et de couleur pour la tapisserie, la broderie et le tricot; soies blanches et de couleur propres à tous les travaux d'aiguille; cordonnet de soie, aiguilles de toutes façons pour coudre, broder tricotter et faire de la tapisserie, tout ce qui concerne le filet; épingles, rubans, ganses et lacets; tout ce que l'on peut employer pour faire les broderies et les bourses, tant en soie, fil d'or ou d'argent, paillettes d'or, d'ar-

gent ou d'acier; cordonnet pour les bourses; garnitures et cadenats de bourses en or, argent ou acier; corbeilles de mariage et autres, brodées et à broder; pelotes et devidoires en tous genres; métiers à dentelle, à broder et à tapisserie; canevas de toute espèce, enfin *tout ce qui est nécessaire aux* DAMES *pour leurs occupations habituelles, et la confection de toute espèce d'ouvrage;* et en outre :

Magasin de *Canevas peints* propres à faire la tapisserie : invention nouvelle.

Il n'est à Paris qu'un seul magasin qui pour son genre puisse être comparé à celui que nous annonçons, c'est celui du Père de famille de la rue Dauphine; *les petits Gobelins* possèdent cependant divers articles, et surtout un assortiment de laines et de soies filées d'une variété de nuances si complète, qu'on chercherait en vain à se procurer les pareilles partout ailleurs. Ce magasin manquait sur la rive droite de la Seine, et surtout dans un quartier comme celui où il est situé.

Rien de plus ingénieux que l'idée de faire peindre sur le canevas les dessins qui doivent être représentés en tapisserie; il ne s'agit plus alors que savoir faire *le point*, pour qu'une personne qui n'aurait aucune notion du dessin puisse exécuter de suite des fleurs, des animaux, des paysages et même des portraits, puisqu'elle n'a besoin que de prendre, parmi ses laines ou soies, celle semblable par sa nuance au ton indiqué sur le canavas, et d'en recouvrir exactement toute la surface sur laquelle ce ton a été appliqué par le peintre. Ce procédé a fait abandonner entièrement celui du tracé en noir sur le canevas, et la facilité qu'il offre dans le travail, a remis la tapisserie à la mode à la cour, à la ville et même aussi dans les provinces.

M. *Pichenot* jeune a non seulement un atelier de peinture et de dessin où des artistes d'un talent distingué exécutent tous les sujets que l'on peut désirer, mais il a encore un atelier où l'on confectionne toutes sortes de broderies et de tapisseries dans une rare perfection, et où seront exécutés avec célérité tous les sujets dont les dessins auront été choisis ou commandés.

7 *A la Guirlande*, magasin de Mlle. THURNINGER. Dépôt de parfumerie en tous genres ; grand assortiment de gants, éventails, sacs, bourses, bretelles, jarretières, cols piqués, brosses de toutes façons et grandeurs ; bijoux d'acier, enfin tout ce qui concerne ce genre de commerce.

8 Magasin de M. PICHENOT jeune, à l'enseigne des *Petits-Gobelins*, voyez page 46.

9 Entrée d'un de ces établissemens dont on n'apprécie jamais mieux l'utilité que lorsque, comme l'a dit Regnard :

Certain besoin pressant appelle en certain lieu.

Celui-ci est décoré avec une élégance recherchée : Des fleurs, des glaces, des cristaux, etc., enfin nul autre, à Paris, ne peut lui être comparé.

9 bis et 11 *A la Colombe*, grand magasin de quincaillerie en tous genres, ustensiles de chasse, de pêche et de cuisine, de M. COQUERET.

Ce magasin, l'un des mieux assortis

dans son genre, offre un fort beau choix en articles de quincaillerie tels que pelles, pincettes; soufflets en acajou, merisier et autres bois, gardes-cendres; chenets, balais, plumeaux, éponges; brosseries, ustensiles de ménage tant en ferblanc qu'en cuivre étamé, tôles vernies. Un beau choix de flambeaux, bougeoirs, etc. Grand assortiment de paters, anneaux vernis et dorés; bâtons de *Thyrse* de toute espèce; *ornemens* en cuivre et bois doré pour meubles et appartemens; tringles, poulies, roulettes de lit et de meubles; objets en acier poli; *éperons* en fer et en cuivre; assortiment de limes et outils; boîte d'outils complète; clouterie, serrurerie; cadenas à combinaison et autres, etc. Enfin tout ce qu'on trouve généralement dans les magasins les mieux assortis.

10 Magasin de nouveautés, modes et lingerie légère de M. Manceau fils.

Ce magasin offre aux acheteurs un fort beau choix en articles de modes; un grand assortiment de fleurs, toques et beyrets, rubans, sacs, fichus dans le genre le plus nouveau, écharpes de tous genres, gants, et tous les articles qui ont rapport aux nouveautés.

M. *Manceau* fils tient aussi un dépôt fort bien assorti de chapeaux français tissus de soie, remplaçant la paille d'Italie, de la fabrique de madame *Manceau*, rue Sainte-Avoie, et un bel assortiment de chapeaux de paille d'Italie, de Suisse, de riz, paille cousue, de coton, de sparterie et autres; il se charge de la teinture et du blanchissage des chapeaux.

11 Magasin de M. Coqueret, déjà cité pour la quincaillerie en tous genres; voyez page 49

12 Cabinet de lecture. On y trouve toutes les feuilles quotidiennes, les brochures hebdomadaires ou périodiques, et les nouveautés qui paraissent en France et principalement à Paris. Ce cabinet contient une bibliothèque d'un fort bon choix tant en ouvrages anciens que nouveaux, et un assortiment de livres pour étrennes; on y loue des livres.

14 Petite boutique à louer propre à un changeur de monnaies, ou à un marchand de parapluies, ou à former tout autre commerce qui n'exigerait pas un grand emplacement.

15 et 17 Grand et beau magasin de cristaux de M. TISSOT, tailleur et graveur sur cristaux.

M. Tissot est connu depuis long-temps avec avantage, comme ayant dirigé pendant quinze ans les ateliers de madame *Désarnaud* propriétaire du magasin de l'escalier de cristal, au Palais-Royal, et comme inventeur de plusieurs procédés ingénieux pour perfectionner la taille des cristaux : aussi divers ouvrages sortis de ses magasins, et admirés à l'exposition de 1819, ornent-ils aujourd'hui les palais et châteaux de nos princes. Son magasin offre au choix du connaisseur tout ce que l'on fait de plus élégant, de plus riche et de plus nouveau en cristaux, comme services de table, vases, assiettes montées, boîtes à serrures et à vis, pendules, flacons, etc., et une grande quantité d'objets de fantaisie charmans. On remarque entre autre choses dans son magasin, un pot à l'eau et sa cuvette admirables par le fini du travail et l'élégance des formes, des verres à pied et autres dont les dessins sont parfaits et du meilleur goût, etc., etc. M. *Tissot* confectionne lui-même tous les objets que l'on trouve dans son magasin, ce qui le met à portée de pouvoir les donner à des prix modérés.

16 Magasin et fabrique de corsets de mademoiselle Draux, renommée pour sa coupe et le fini de son travail. Les dames trouveront dans son magasin des corsets tout faits pour toutes les tailles et dans le genre le plus nouveau; mademoiselle Draux tient aussi les nouveautés, telles que cravates, bretelles, foulards, etc.

17 Magasin de cristaux de M. Tissot; voyez page 32.

18 Magasin à prix fixe de M. Descamps fabricant de nécessaires et de bijouterie d'acier dont nous avons parlé avec avantage en citant son magasin de la galerie de l'horloge.

Celui-ci renferme une si grande quantité d'objets qu'il serait presque impossible de de les énumérer ici : c'est à lui seul un petit bazar. On y trouvera de la bijouterie, de la quincaillerie, de la tableterie, des porcelaines, de la parfumerie et généralement tout ce qu'il est possible d'offrir à 1 fr. 25 c., à 2 fr. et à 3 fr. 50 c. Les marchandises de chaque prix sont renfermées dans des montres différentes afin de faciliter le choix des acheteurs.

19 Magasin de modes de madame SCHARLES. Ce magasin est très-remarquable par l'élégance, la fraîcheur, le bon goût et la grâce des articles de modes qui s'y confectionnent, et ne craint aucune comparaison avec ceux les plus renommés de la rue Vivienne : aussi mérite-t-il une attention toute particulière de la part des dames.

20 *A la Brésilienne.* Joli magasin de mademoiselle A. DECOUTURE et Cie. Ce magasin de nouveautés, fort bien assorti, offre aux acheteurs, un fort beau choix en soieries, gazes, blondes, tulles, cravates et foulards, rubans, gants de Grenoble et

de Paris; pelisses et manteaux de dames et généralement tout ce qui concerne les nouveautés. Mademoiselle A. Decouture et Cie, font des envois dans les départemens.

21 M. VALLON jeune, coiffeur breveté du Roi, inventeur des perruques en tulle chevelu, connu avec avantage pour les tissus filogènes imitant parfaitement la nature. Il est aussi inventeur des tours en soie et en cheveux qui ne se défrisent jamais, les seuls admis à l'exposition de 1823; sa réputation est établie depuis long-temps comme excellent coiffeur, et son salon pour la coupe des cheveux est un des plus fréquentés de la capitale.

On trouve chez lui un assortiment de parfumerie.

22 Magasin de porcelaines de M. GAILLARD. Quoique peu spacieux, ce magasin mérite de fixer l'attention par les nombreux objets propres à être donnés pour étrennes et qu'il renferme, tels que vases, tasses, cabarets, écritoires, etc., tous de bon goût

pour les ornemens, les formes et les peintures.

23 Magasin de coutellerie de M. VALLON. La coutellerie est un des articles qu'il faut acheter de confiance pour ce qui a rapport surtout à la qualité et à la solidité : si l'on se fiait en effet aux apparences, elles seraient souvent trompeuses, en cela, comme en bien d'autres objets ; mais l'admission, à l'exposition du Louvre, des produits de la fabrique de M. *Vallon*, est un sûr garant de la bonne confection et de l'excellente qualité de sa coutellerie. On ne peut trop citer ses rasoirs : ils sont très-bien évidés, et d'une trempe parfaite ; aussi ont-ils obtenu les suffrages de MM. les membres du Juri, formé lors de ladite exposition. M. *Vallon* est inventeur d'un *afiloir* pour lequel il a même été breveté : cet afiloir est ce que l'on a fait de mieux pour aiguiser et adoucir en même temps le taillant des rasoirs, couteaux et canifs, et l'effet qu'il produit, ne laisse rien à désirer.

Nous avons remarqué aussi dans son magasin un taille-plumes qu'il vient de perfectionner, et qu'on nomme *taille-plumes à rafraichissoir.*

24 et 26 Grand magasin d'estampes gravées et lithographiées de MM. Sazerac et Duval.

Pour visiter plus promptement la galerie de tableaux de l'école moderne de MM. *Sazerac* et *Duval* (1); nous n'avons fait que jeter à peine un coup-d'œil sur les estampes qui ornent l'entrée de cette galerie; n'en ayons pas de regrets : nous allons retrouver ici les mêmes objets, et nous allons nous y arrêter.

Ce magasin renferme tout ce que la gravure et le crayon lithographique a fait de mieux de nos jours, tels que plusieurs sujets gravés par Desnoyers et Duchaume; *Molière lisant son Tartufe chez Ninon de l'Enclos*, gravé à l'eau forte et au burin, par Anselin, d'après le tableau de Mon-

(1) Voyez galerie de l'Horloge, n. 4, page 17.

siau ; *la Mort de Socrate*, gravé par J. Massard d'après le tableau de David ; *Hippocrate refusant les présens d'Artaxerce*, gravé par Raphaël d'après le tableau de Girodet-Trioson ; *Henri IV, Sully et Gabriel*, aqua-tinte par Giraut, d'après Fragonard ; la Leçon d'Henri IV, autre aqua-tinte par Allais, d'après aussi Fragonard. Psyché, lithographie de Langlumé d'après le tableau de Dubufe. Les lithographies du *Sacre de S. M. Charles X*, ouvrage dont MM. *Sazerac* et *Duval* sont éditeurs ; une grande collection de gravures anglaises, etc., etc.

L'art de la gravure, ou plutôt celui de multiplier les œuvres du dessin au moyen de planches gravées, paraît être né en France au commencement du quatorzième siècle ; ce fut alors sur bois que l'on grava, et l'on s'en servit pour les figures grossières : c'est ainsi que se font encore les cartes à jouer.

Nous voyons ensuite un orfèvre de Florence, *Maso-Finiguera*, habile ciseleur, et qui, pour juger de toute la délicatesse de son travail, tire avec du soufre liquéfié l'empreinte des traits exécutés au burin sur le métal. Cet artiste observe que cette contre-épreuve offrait l'apparence d'un dessin : il imagine alors d'emplir ses tailles d'une couleur noire broyée à l'huile, et de recevoir cette nouvelle empreinte sur du papier humecté, et pressé sur la planche au moyen d'un rouleau, et voilà aussitôt l'art de la gravure en taille-douce découvert.

Le hasard bien souvent plus que le calcul préside à la naissance de la plupart des inventions : nous venons de le voir par la découverte de la gravure en taille-douce, nous le verrons encore par la découverte de la lithographie.

Dans le courant de l'année 1800, *Aloys Sennefelder*, chantre des chœurs de la cathédrale de Munich, s'aperçut que les pierres calcaires avaient la propriété de retenir des traits formés par une encre grasse, et de les transmettre, dans toute leur pureté, au papier fortement appliqué sur leur superficie ; bien plus, il reconnut qu'on pouvait répéter le même effet en chargeant la même pierre d'une nouvelle dose d'impression : et voilà encore la lithographie toute entière découverte, la perfection de ses produits appartenant au talent du dessinateur.

Ce n'est presque toujours que très-lentement qu'une découverte, même précieuse, obtient droit de bourgeoisie en France : ce serait nous écarter de notre sujet que de chercher à en déduire les causes ; nous n'aborderons pas cette question.

Avant d'être reçue chez nous, la lithographie avait donc été adoptée dans toute l'Allemagne, l'Italie et l'Angleterre, et dans ce dernier pays, elle fut appelée *Polyauthographie*, c'est-à-dire, art qui donne un grand nombre de dessins autographes. Enfin, en 1807, on se décida à l'accueillir en France, et le premier usage qu'on en fit fut consacré à reproduire de la musique ; mais par une fatalité qui s'attache à certaines inventions après leur découverte, on ne sut pas profiter alors de toutes les ressources qu'offraient les procédés lithographiques, ou plutôt ces ressources n'avaient pas encore été aperçues.

La lithographie cependant avait fait un pas chez nous ; on commençait à en parler, à la regarder même comme quelque chose ; mais les artistes semblaient dédaigner d'en essayer les crayons, lorsque M. Engelmann éleva des ateliers lithographiques à Mulhause, puis surmontant toutes les difficultés pour faire jouir la capitale de cette heureuse invention, et riche de plusieurs moyens de perfectionnement qu'il a découverts, vint à Paris jeter les fondemens de son bel établissement de la rue Louis-le-Grand. L'Académie accueillant enfin avec intérêt une découverte qui devait faire époque dans les annales des arts, s'occupa des moyens propres à la faire connaître et à la propager..... Il vaut mieux tard que jamais.

Quiconque sait dessiner, peut lithographier, et nous l'avons déjà dit, c'est pour cela que toute la perfection des produits lithographiques dépend entièrement du plus ou moins de talent de l'artiste-dessinateur. Cette observation ne pouvait pas échapper à MM. *Sazerac* et *Duval*; aussitôt nos premiers maîtres furent chargés par eux de tracer sur la pierre lithographique les dessins des *Vues pittoresques d'Italie, d'un mois en Suisse, de la France au dix-neuvième siècle, du Sacre de S. M. Charles X* dont nous avons déjà parlé, et plusieurs autres qu'ils ont aussi publiés, et ils ont porté ainsi à sa perfection un art dans lequel notre pays ne craint pas de rivaux, puisqu'aujourd'hui les V. Adam, les Horace Vernet, les Leprince, les Maurin frères, les T. Gudin, etc., y consacrent leurs talens.

D'après ce que nous venons de dire, on peut juger de la richesse, en lithographies, des nombreux cartons du magasin de MM. *Sazerac* et *Duval*.

25 Magasin de M. Villain jeune, fabricant d'horlogerie et de grands et petits bronzes,

comme girandoles, candelabres, lustres, galeries et bras de cheminée; plateaux et corbeilles pour service de table, flambeaux, bougeoirs, presse-papiers, écritoires, pelles et pincettes, et tout ce qui concerne l'ameublement; lampes astrales, sinombres et tous objets en tôle vernie; boules d'eau; réchauds à briques et à bougies; porte-bouteilles; enfin tous les articles de nouveauté et de bon goût, en bronze, tôle, vernie et en plaqué. M. *Villain* jeune tient aussi un grand assortiment d'*appareils pour le gaz*, de pendules et de montres en tous genres, qu'il livre à garantie.

26 Magasin d'estampes gravées et lithographiées de MM. *Sazerac* et *Duval*; voyez page 57.

27 et 29 Grand magasin de papeterie et d'objets de fantaisie de M. Roche.

Il nous serait impossible de faire connaître tout ce que renferme ce magasin en articles de fantaisie. Etonnés de leur variété, de leur élégance et du bon goût qui a présidé à leur confection, nous essaierons seulement de citer ceux de ces objets qui ont frappé le plus nos regards, tels que parmi les boîtes, un superbe nécessaire en ivoire plaquée en écaille, sur laquelle sont des ornemens en nacre sculptée : toute la garniture, comme dez, étui, etc., est en acier de la plus grande beauté; puis un autre nécessaire à musique et en forme de piano à queue, des pendules-cartels, en carton, invention nouvelle et fort ingénieuse; des boîtes de jeux garnies en nacre; d'autres contenant des jeux d'enfans comme volans, bilboquets, toupies d'Allemagne, etc.; un bel assortiment de porte-feuilles, d'encriers et serre-papiers en bronze; des album reliés en cuir de Russie, dont les riches ornemens sont en or et les dessins frappés au timbre sec; des écrans de Chine, d'autres en bois et en carton fort bien peints; des semainiers en bois de citron, garnis de bronze et d'or; des porte-almanach pareils, etc., etc.

M. *Roche* tient aussi la papeterie en grand, et l'on peut se procurer chez lui des registres tout faits de diverses formes et grandeur.

128 *Bureau de Tabacs.* Cet établissement où l'on est certain de trouver toujours des tabacs à priser et à fumer purs et de bonne qualité, ainsi que d'excellens cigarres de la Havanne, est fréquenté par les *gourmets* de tabacs. Jalouses de satisfaire tous les goûts, les propriétaires de ce magasin tiennent en outre les vins fins et ordinaires, les liqueurs fines assorties et les fruits secs, auxquels elles ont joint un dépôt de pâtés de Chartres et de comestibles du Midi, que d'autres gourmets ne manqueront pas de priser aussi.

29 Magasin de M. Roche papetier; voyez page 63.

30 et en face 31, 33 et 35. Magasins de meubles de M. Dezon, fabricant d'ébénisterie et tapissier.

Nous ne ferons pas ici le parallèle de l'ébénisterie ancienne et nouvelle; d'après les progrès que les arts industriels ont fait chez nous, on sent fort bien qui l'emporterait. Si, par leur forme à la fois simple, élégante et commode, nos meubles sont bien supérieurs à ceux de nos pères, ils ne leur cèdent en rien pour la solidité, quoiqu'en disent certaines gens; nous ne parlons, bien entendu, que de meubles sortis d'une bonne fabrique; mais il est très-essentiel de savoir à qui l'on doit accorder sa confiance : *Le Guide des Acheteurs* indiquera donc les magasins de M. *Dezon* comme renfermant un assortiment de meubles en tous genres, remarquables par leur forme, leur solidité et la richesse des bois. Nous devons citer aussi M. *Dezon* comme ayant propagé plus que personne l'emploi des bois français pour meubles. Nos bois indigènes ont réellement des nuances et des veines qui, adroitement employées, font un très-bel effet; mais il fallait combattre dans l'esprit de beaucoup de personnes cette vieille pensée qu'*il n'y a rien de beau que ce qui vient de loin :* habile fabricant, M. *Dezon* a su faire de si jolis meubles avec nos bois français, que ces meubles jouissent maintenant de la même faveur que ceux en bois d'acajou.

Nous avons cité avec avantage M. *Dezon*, comme fabricant de meubles ; nous lui devons aussi des éloges, comme tapissier; la tenture de deux appartemens ornés par lui, nous a suffisamment prouvé qu'il possède parfaitement toutes les ressources de son art.

Il ne nous reste plus qu'à faire connaître à nos lecteurs quelques établissemens formés dans les appartemens qui dépendent des passages de l'Opéra ; nous allons maintenant les parcourir.

APPARTEMENS.

Escalier *A*, Galerie de l'Horloge.

Entrée primitive de la galerie de tableaux de MM. *Sazerac* et *Duval*; voyez n. 4, page 17.

Escalier *B*, même Galerie.

Entrée de plusieurs appartemens dépendans de divers magasins de cette galerie.

Escalier *C*, dans la seconde petite galerie qui sert de communication entre celles de l'Horloge et du Baromètre.

Restaurant à 2 francs par personne, tenu par M. Etienne.

Le propriétaire de cet établissement est l'élève des frères Robert, et l'on peut dire de lui qu'il sait se montrer digne de ses maîtres dans l'art de la cuisine. Ses dîners à 2 francs par tête, commencent à deux heures et demie, et finissent à sept et demie; les mets y sont délicats, très-variés et au choix, selon la carte du jour.

Le restaurant de M. *Etienne* occupe le fond de la galerie de l'Horloge ; ses salons sont au premier étage, et l'on trouve au second des cabinets particuliers bien décorés.

ESCALIER *D*, dans la première petite galerie qui sert de communication entre celles de l'Horloge et du Baromètre, près du Boulevart.

Au premier : appartemens dépendans de divers magasins.

Au second : ateliers de MM. *Didier* frères, tailleurs, cités page 11.

ESCALIER *E*, sur le boulevart.

Entrée de plusieurs appartemens ayant vue sur le Boulevart.

ESCALIER *F*, galerie du Baromètre.

Entrée de plusieurs appartemens dépendans des magasins de cette galerie.

ESCALIER *G*, dans la seconde petite galerie qui sert de communication entre celles de l'Horloge et du Baromètre.

Au goût Oriental. Au premier, sous le baromètre, fabrique et magasin d'objets de goût et de parures de dames, en *pâte du sérail*, de M. Casaty.

Cet établissement qui reste toujours le premier de ce genre, bien que l'on en ait élevé de semblables, est digne de fixer l'attention particulière des dames; elles y trouveront, pour leur parure, de charmans colliers, brasselets et pendans-d'oreilles variés de dessins et de couleurs, parmi lesquels nous avons remarqué les *colliers gothiques* et ceux à la *Haïti* qui viennent de paraître, ainsi que des imitations de parures en fer de Berlin, toutes de bon goût.

Nous avons encore vu avec avec beaucoup d'intérêt, chez M. *Casaty*, des pendules, vases, coupes et candelabres aussi en pâte du sérail, dignes de décorer les cheminées des plus jolis boudoirs, auxquels ces objets semblent plus particulièrement appartenir par l'odeur agréable qu'ils répandent.

Escalier *H*, galerie du Baromètre.

Au premier étage : à droite, magasins de M. *Dezon*, fabricant de meubles et tapissier, dont nous avons déjà parlé avec avantage; voyez page 65.

A gauche, magasins dépendans de l'établissement de M. *Roche*, papetier; voyez page 63.

Au second étage : à droite, entrée de l'*Europorama*, ou vues des principales villes d'Europe, et des sites les plus remarquables de l'Italie, la Prusse, l'Allemagne, la Russie, etc., établissement digne d'attirer l'attention générale.

Entrée de l'exposition du plan de Jérusalem.

Appartement de M. BENECK, docteur en médecine, accoucheur, auteur d'un traité sur les cancers de l'estomac, qui a obtenu l'approbation des premiers médecins de la capitale.

A gauche, M. AUDOYER professeur d'écriture selon la *méthode américaine* qu'il a lui-même perfectionnée.

Les résultats des leçons de M. *Audoyer* sont si prompts et si étonnans, que tout ce que nous en dirions ne pourrait faire connaître que bien imparfaitement encore l'excellence de son mode d'enseignement : nous engageons donc nos lecteurs à visiter l'établissement de cet habile professeur.

ESCALIER *K*, galerie du Baromètre.

Au premier étage : ateliers de M. *Tissot* graveur sur cristaux, dont nous avons déjà cité le magasin; voyez page 52.

Au deuxième étage : bureau du propriétaire gérant l'établissement des passages de l'Opéra.

Etablissement de M. REMONDON tailleur, ancien ouvrier de M. *Staub*. M. Remondon est du nombre des tailleurs de Paris, appelés tailleurs à la mode. Il est cité surtout pour imiter parfaitement le genre anglais dans la confection des vêtemens qui sortent de ses ateliers, et pour la bonne qualité de tout ce qu'il fournit.

Au troisième étage : M. JUNG tailleur. Il sait, en ouvrier habile, unir dans son travail la solidité à la grâce.

ESCALIER *L*, sur le Boulevart.

A l'entresol : grand magasin de modes et nouveautés de M. MANCEAU fils, et dépôt de chapeaux français, tissus de soie, remplaçant la paille d'Italie, de la fabrique de madame veuve *Manceau*, rue *Sainte-Avoie*, brevetée d'invention.

Ce beau magasin de modes est un de ceux

renommés de la capitale, par l'élégance et le bon goût de tous les objets qui y sont confectionnés. On y trouve un grand et bel assortiment de chapeaux de paille d'Italie, de Suisse, de riz, paille cousue, de coton, de sparterie et autres; fleurs, rubans, etc. M. *Manceau* fils tient aussi la lingerie, la ganterie et autres différens articles. Voyez galerie du Baromètre, n. 10, page 50.

Au premier étage : bureau du PETIT COURRIER DES DAMES, ou *Journal des Modes, des Théâtres, de la Littérature et des Arts* (1).

Ce petit oracle de la mode, qui comptera bientôt six années d'existence, parcourt tous les cinq jours non seulement Paris et tous les départemens, mais encore l'Europe entière, pour raconter aux Dames quelle est la forme, l'étoffe et la couleur que la mode vient d'adopter dans les robes, chapeaux, toques, bey-

(1) Ce Journal paraît tous les cinq jours, avec huit gravures par mois, dont six de femmes, une d'homme et une de chapeaux. Prix de l'abonnement : pour trois mois 9 fr., 18 fr. pour six mois, et 36 fr. pour l'année; 50 cent. de plus par trimestre pour les départemens, et 1 fr. de plus pour l'étranger.

Au Bureau du *Petit Courrier des Dames*, boulevart des Italiens, bâtiment des passages de l'Opéra, n. 2, escalier *L*.

rets, etc., et dont il leur offre le modèle dans de jolies petites gravures coloriées qu'il porte chaque fois avec lui.

Ce journal format in-8°, est d'une demi-feuille d'impression. Outre des articles *modes* toujours écrits avec infiniment de grâce, d'esprit et de variété, cette petite feuille contient encore, tantôt un compte rendu d'un ouvrage qui peut intéresser les Dames; tantôt une historiette amusante : des vers inédits et des articles *théâtres* où, sous le titre de Petite Revue théâtrale, on fait connaître les ouvrages qui jouissent de la faveur du public, dans les nombreux théâtres de la capitale.

Le Petit Courrier des Dames se fait surtout remarquer par ses gravures dont les figures sont toujours posées et dessinées avec beaucoup de grâce, par le choix des modes qu'il publie, et par son exactitude à annoncer toujours le premier ce qui paraît de nouveau; aussi ce journal compte-t-il déjà plus de 2,000 abonnés, parmi lesquels sont LL. AA. RR. MADAME duchesse de Berri, et MADEMOISELLE, qui ont daigné y souscrire, ainsi que la plupart des Princes et Princesses des cours de l'Europe.

FIN.

NOMS ET PROFESSIONS

DE MM. LES MARCHANDS

DONT IL EST PARLÉ DANS LE GUIDE DES ACHETEURS.

SUR LE BOULEVART.

GALERIE DU BAROMÈTRE.

APPARTEMENS.

CALENDRIER

POUR L'AN 1826.

ARTICLES DU CALENDRIER

POUR L'ANNÉE 1826.

Année de la Période Julienne.	6539
Depuis la première Olympiade d'Iphitus, jusqu'en Juillet.	2599
De la fondation de Rome, selon Varron, (Mars).	2579
De l'époque de Nabonassar, depuis Février.	2573
De la naissance de Jésus-Christ.	1826

L'année 1241 des Turcs commence, selon l'usage de Constantinople, le 16 Août 1825, et finit le 4 Août 1826.

FÊTES MOBILES.

La Septuagésime.	22 Janvier.
Les Cendres.	8 Février.
PAQUES.	26 Mars.
Les Rogations.	1, 2 et 3 Mai.
L'ASCENSION.	4 Mai.
LA PENTECOTE.	14 Mai.
La Trinité.	21 Mai.
LA FETE-DIEU.	25 Mai.
L'Avent.	3 Décem.
Des Rois à la Septuagésime.	2 Dimanc.
De la Pentecôte à l'Avent.	28 Dimanc.

COMPUT ECCLÉSIASTIQUE.

Nombre d'or.	3
Épacte.	XXII
Cycle Solaire.	15
Indiction Romaine.	14
Lettre Dominicale.	A

QUATRE-TEMPS.

Les 15, 17 et 18 Février.
Les 17, 19 et 20 Mai.
Les 20, 22 et 23 Septembre.
Les 20, 22 et 23 Décembre.

SAISONS.

Le PRINTEMPS commencera le 20 Mars, à 3 h. 20 min. du soir.
L'ÉTÉ commencera le 21 Juin, à 0 h. 54 min. du soir.
L'AUTOMNE commencera le 23 Septembre, à 2 h. 45 min. du matin.
L'HIVER commencera le 21 Décembre, à 7 h. 53 min. du matin.

ÉCLIPSES.

Il y aura, cette année 1826, cinq Éclipses, trois de Soleil et deux de Lune.

Le 21 Mai, Éclipse totale de Lune invisible à Paris.
Le 5 Juin, Éclipse de Soleil invisible à Paris.
Le 31 Oct., Éclipse de Soleil invisible à Paris.
Le 14 Nov., Écl. totale de Lune en partie vis. à Paris.
Le 29 Novembre, Éclipse de Soleil visible à Paris.

SIGNES DU ZODIAQUE.

Bélier.	♈	Balance.	♎
Taureau.	♉	Scorpion.	♏
Gémeaux.	♊	Sagittaire.	♐
Écrevisse.	♋	Capricorne.	♑
Lion.	♌	Verseau.	♒
Vierge.	♍	Poissons.	♓

JANVIER, 1826.			FÉVRIER.		
Dernier Quartier le 1. Nouvelle Lune le 8. Premier Quartier le 16. Pleine Lune le 24. Dernier Quartier le 30.			Nouvelle Lune le 7. Premier Quartier le 15. Pleine Lune le 22.		
D.	1	LA CIRCONCIS.	merc	1	s. Ignace.
lundi	2	s. Basile.	jeudi	2	PURIFICATION.
mard	3	ste *Geneviève.*	vend	3	s. Blaise.
merc	4	s. Rigobert.	same	4	s. Philéas.
jeudi	5	s. Siméon.	D.	5	*Quinquagés.*
vend	6	L'ÉPIPHANIE.	lundi	6	s. Vast, évêque
same	7	s. Théau.	mard	7	s. Romuald.
1 D.	8	s. Lucien.	merc	8	*Les Cendres.*
lundi	9	s. Furcy, abbé.	jeudi	9	ste Apolline.
mard	10	s. Paul, erm.	vend	10	Les Cinq Plaies
merc	11	s. Théodose.	same	11	s. Séverin.
jeudi	12	s. Ferjus.	1 D.	12	*Quadragésim.*
vend	13	Bapt. N. S.	lundi	13	s. Lésin, évêqu
same	14	s. Félix de N.	mard	14	s. Valentin.
2 D.	15	s. Maur, abbé.	merc	15	*Quatre-Tems.*
lundi	16	s. Guillaume.	jeudi	16	ste Julienne.
mard	17	s. Antoine, ab.	vend	17	ste Marianne.
merc	18	Chaire s. P. à R.	same	18	s. Siméon.
jeudi	19	s. Sulpice.	2 D.	19	*Reminiscere.*
vend	20	s. Sébastien.	lundi	20	s. Eucher, évê.
same	21	ste Agnès, v. m.	mard	21	s. Pépin, duc.
D.	22	*Septuagésime.*	merc	22	Ch. s. P. à Ant.
lundi	23	s. Ildephonse.	jeudi	23	s. Merault.
mard	24	s. Babylas, év.	vend	24	s. Mathias.
merc	25	Conv. s. Paul.	same	25	s. Taraise.
jeudi	26	ste Paule, v.	3 D.	26	*Oculi.*
vend	27	s. Julien.	lundi	27	ste Honorine.
same	28	s. Charlemagne	mard	28	s. Romain.
D.	29	*Sexagésime.*			
lundi	30	ste Bathilde.			
mard	31	ste Marcelle.			

MARS.			AVRIL.		
Dernier Quartier le 1. Nouvelle Lune le 8. Premier Quartier le 16. Pleine Lune le 23. Dernier Quartier le 30.			Nouvelle Lune le 7. Premier Quartier le 15. Pleine Lune le 22. Dernier Quartier le 29.		
merc	1	s. Aubin, év.	same	1	s. Hugues.
jeudi	2	s. Simplice.	1 D.	2	*Quasimodo.*
vend	3	ste Cunégonde	lundi	3	ANNONC.
same	4	s. Casimir.	mard	4	s. Ambroise.
4 D.	5	*Lætare.*	merc	5	s. Vincent
lundi	6	ste Colette.	jeudi	6	s. Prudent.
mard	7	s. Thomas d'A.	vend	7	s. Hégésipe.
merc	8	s. Jean de Dieu	same	8	s. Gauthier.
jeudi	9	ste Françoise.	2 D.	9	ste Marie-E.
vend	10	s. Doctrovée.	lund	10	ste Onésime.
same	11	40 Martyrs.	mard	11	ste Godeberte.
D.	12	*La Passion.*	merc	12	s. Jules, pape.
lundi	13	ste Euphrasie.	jeudi	13	s. Marcellin.
mard	14	s. Longin.	vend	14	s. Tiburce.
merc	15	s. Abraham.	same	15	s. Paterne.
jeudi	16	ste Gertrude.	3 D.	16	s. Fructueux.
vend	17	*La Compassio*	lundi	17	s. Anicet.
same	18	s. Alexandre.	mard	18	s. Elphège.
D.	19	*Les Rameaux.*	merc	19	s. Hildégon.
lundi	20	s. Joachim.	jeudi	20	s. Anselme.
mard	21	s. Benoît.	vend	21	ste Opportune.
merc	22	s. Pol, év.	same	22	s. Georges.
jeudi	23	s. Victorien.	4 D.	23	ste Beuve.
vend	24	*Vendr.-Saint.*	lundi	24	s. Léger.
same	25	s. Irénée.	mard	25	s. Marc. *abst.*
D.	26	PAQUES.	merc	26	s. Clet, p. m.
lundi	27	s. Rupert.	jeudi	27	s. Policarpe.
mard	28	s. Gontran.	vend	28	s. Vital.
merc	29	s. Eustase.	same	29	s. Robert.
jeudi	30	s. Ricule, év.	5 D.	30	s. Eutrope, é.
vend	31	ste Balbine.			

MAI.		
Nouvelle Lune le 7.		
Premier Quartier le 15.		
Pleine Lune le 21.		
Dernier Quartier le 28.		
lundi	1	*Les Rogations*
mard	2	s. Athanase.
merc	3	Inv. de ste Cro.
jeudi	4	L'ASCENSION.
vend	5	C. de S. Aug.
same	6	s. Jean P. L.
6 D.	7	s. Stanislas.
lundi	8	s. Désiré.
mard	9	s. Grégoire, N.
merc	10	s. Gordien.
jeudi	11	Oct. de l'Asc.
vend	12	s. Mamert.
same	13	s. Servais.
D.	14	PENTECÔTE.
lundi	15	s. Isidore.
mard	16	s. Honoré.
merc	17	*Quatre-Tems.*
jeudi	18	s. Félix de C.
vend	19	s. Célestin.
same	20	s. Bernardin.
1 D.	21	*La Trinité.*
lundi	22	ste Julie.
mard	23	s. Donatien.
merc	24	ste Magdelaine.
jeudi	25	FÊTE-DIEU.
vend	26	s. Jean, p.
same	27	s. Hildevert.
2 D.	28	s. Germ., év.
lundi	29	s. Maximin.
mard	30	s. Hubert.
merc	31	ste Pétronil.

JUIN.		
Nouvelle Lune le 5.		
Premier Quartier le 13.		
Pleine Lune le 19.		
Dernier Quartier le 27.		
jeudi	1	Oct. Fête-D.
vend	2	s. Pothin.
same	3	ste Clotilde.
3 D.	4	s. Quirin.
lundi	5	s. Boniface.
mard	6	s. Claude, év.
merc	7	s. Paul, C.
jeudi	8	s. Médard.
vend	9	s. Liboire.
same	10	s. Landry.
4 D.	11	s. Barnabé.
lundi	12	s. Basilide.
mard	13	s. Ant. de Pad.
merc	14	s. Rufin.
jeudi	15	s. Gui.
vend	16	s. Fargeau.
same	17	s. Avit.
5 D.	18	ste Marine.
lundi	19	s. Gervais, s. P.
mard	20	s. Silvère.
merc	21	s. Leufroy.
jeudi	22	s. Paulin
vend	23	s. Audri. V.
same	24	*Nat. de s. J. B.*
6 D.	25	Trans. s. Eloi.
lundi	26	s. Babolein, ab.
mard	27	s. Crescent.
merc	28	s. Irénée.
jeudi	29	*s. Pierre s. P.*
vend	30	Comm. s. Paul.

JUILLET.		
Nouvelle Lune le 5.		
Premier Quartier le 12.		
Pleine Lune le 19.		
Dernier Quartier le 26.		
same	1	s. Martial.
7 D.	2	*V. de la Vierg.*
lundi	3	s. Anatole, év
mard	4	Tr. de s. Mart.
merc	5	ste Zoé, mart.
jeudi	6	s. Tranquillin.
vend	7	ste Aubierge.
same	8	ste Élisabeth.
8 D.	9	ste Victoire.
lundi	10	ste Félicité.
mard	11	Tr. de s. Benoît
merc	12	Tr. de s. Prix.
jeudi	13	s. Turiaſ.
vend	14	s. Bonaventure
same	15	s. Henri, emp.
9 D.	16	N.-D. du M. C.
lundi	17	s. Spérat.
mard	18	s. Clair.
merc	19	s. Vincent de P.
jeudi	20	ste Marguerite.
vend	21	s. Victor, mart
same	22	ste Magdeleine.
10 D.	23	s. Apollinaire.
lundi	24	Jours Canic.
mard	25	s. Jacq. s. Chr.
merc	26	Tr. de s. Marcel
jeudi	27	s. Pantaléon.
vend	28	ste Anne.
same	29	s. Loup.
11 D.	30	s. Abdon.
lundi	31	s. Germain-l'A.

AOUT.		
Nouvelle Lune le 3.		
Premier Quartier le 10.		
Pleine Lune le 17.		
Dernier Quartier le 25.		
mard	1	s. Pierre-ès-Li.
merc	2	s. Etienne, pa.
jeudi	3	Susc. de Ste Cr.
vend	4	s. Dominique.
same	5	s. Yon, mart.
12 D.	6	Trans. de N. S.
lundi	7	s. Albert, év.
mard	8	s. Justin, anar.
merc	9	s. Romain.
jeudi	10	s. Laurent, m.
vend	11	Susc. Ste Cour.
same	12	ste Claire.
13 D.	13	s. Hippolyte.
lundi	14	s. Guerf. *V. J.*
mard	15	ASSOMPTION.
merc	16	s. Roch.
jeudi	17	s. Mammès, m.
vend	18	ste Hélène.
same	19	s. Jules.
14 D.	20	s. Bernard.
lundi	21	ste J. F. de C.
mard	22	s. Symphorien.
merc	23	s. Timothée.
jeudi	24	s. Barthélemy.
vend	25	s. Louis, roi.
same	26	Fin des J. C.
15 D.	27	s. Césaire.
lundi	28	s. Augustin.
mard	29	s. Médéric.
merc	30	s. Fiacre.
jeudi	31	s. Ovide.

SEPTEMBRE.

Nouvelle Lune le 2.
Premier Quartier le 8.
Pleine Lune le 16.
Dernier Quartier le 24.

vend	1	s. Leu, s. Gilles.
same	2	s. Lazare.
16 D.	3	s. Grégoire.
lundi	4	ste Rosalie.
mard	5	s. Bertin, abbé
merc	6	s. Onésipe.
jeudi	7	s. Cloud.
vend	8	NATIV. DE N. D.
same	9	s. Omer, évêq.
17 D.	10	s. Nicolas Tol.
lundi	11	s. Patient, év.
mard	12	s. Serdot, évêq.
merc	13	s. Maurille.
jeudi	14	Exalt. ste Croix.
vend	15	s. Nicomède.
same	16	s. Cyprien.
18 D.	17	s. Lambert, é.
lundi	18	s. Jean Chrys.
mard	19	s. Jeanvier.
merc	20	*Quatre-Tems.*
jeudi	21	s. Matthieu.
vend	22	s. Maurice.
same	23	ste Thècle, v.
19 D.	24	s. Andoche.
lundi	25	s. Firmin.
mard	26	ste Justine.
merc	27	s. Côme, s. D.
jeudi	28	s. Céran.
vend	29	s. Michel, arc.
same	30	s. Jérôme.

OCTOBRE.

Nouvelle Lune le 1.
Premier Quartier le 8.
Pleine Lune le 15.
Dernier Quartier le 24.
Nouvelle Lune le 31.

20 D.	1	s. Remi, évêq.
lundi	2	ss. Anges Gard.
mard	3	s. Denis, Aréo.
merc	4	s. François d'A.
jeudi	5	ste Aure, v.
vend	6	s. Bruno.
same	7	s. Serge, s. B.
21 D.	8	s. Demètre.
lundi	9	*s. Denis, év.*
mard	10	ss. Géréon.
merc	11	ss. Nicaise, etc.
jeudi	12	s. Vilfride, év.
vend	13	s. Gérand.
same	14	s. Caliste, pap.
22 D.	15	ste Thérèse.
lundi	16	s. Gal, abbé.
mard	17	s. Cerbonney.
merc	18	s. Luc, évang.
jeudi	19	ss. Savinien.
vend	20	s. Sendou.
same	21	ste Ursule.
23 D.	22	s. Mellon.
lundi	23	s. Hilarion.
mard	24	s. Magloire.
merc	25	s. Crépin s. Cr.
jeudi	26	s. Rustique.
vend	27	s. Frumence.
same	28	s. Simons. Jud.
24 D.	29	s. Faron, évêq.
lundi	30	s. Lucain.
mard	31	s. Quent. *V.-J.*

NOVEMBRE.			DÉCEMBRE.		
Premier Quartier le 6.			Premier Quartier le 6.		
Pleine Lune le 14.			Pleine Lune le 14.		
Dernier Quartier le 22.			Dernier Quartier le 22.		
Nouvelle Lune le 29.			Nouvelle Lune le 28.		
merc	1	TOUSSAINT.	vend	1	s. Eloi, év.
jeudi	2	*Les Morts.*	same	2	s. Franç. Xav.
vend	3	s. Marcel.	1 D.	3	AVENT.
same	4	s. CHARLES.	lundi	4	ste Barbe.
25 D.	5	ste Bertile.	mard	5	s. Sabas.
lundi	6	s. Léonard.	merc	6	s. Nicolas.
mard	7	s. Willebrod.	jeudi	7	ste Fare, vierg.
merc	8	stes Reliques.	vend	8	*La Conception*
jeudi	9	s. Mathurin.	same	9	ste Gorgonie.
vend	10	s. Léon, pape.	2 D.	10	ste Valère.
same	11	s. Martin, év.	lundi	11	s. Fuscien.
26 D.	12	s. René.	mard	12	s. Damase.
lundi	13	s. Brice, évêq.	merc	13	ste Luce.
mard	14	s. Maclou, év.	jeudi	14	s. Nicaise, évê.
merc	15	s. Eugène, m.	vend	15	s. Mesmin.
jeudi	16	s. Edme.	same	16	ste Adélaïde.
vend	17	s. Agnan, évê.	3 D.	17	ste Olympiade.
same	18	ste Aude, vierg	lundi	18	s. Gatien.
27 D.	19	ste Elisabeth.	mard	19	s. Némèse.
lundi	20	s. Edmond.	merc	20	*Quatre-Tems.*
mard	21	*Prés. de N. D.*	jeudi	21	s. Thomas, ap.
merc	22	ste Cécile.	vend	22	s. Ischirion.
jeudi	23	s. Clément.	same	23	ste Vict. *Vig. J.*
vend	24	s. Séverin, sol.	4 D.	24	s. Yves.
same	25	ste Catherine.	lund	25	NOEL.
28 D.	26	ste Gen. des Ar.	mard	26	*s. Étienne.*
lundi	27	s. Vital.	merc	27	*s. Jean Evang*
mard	28	s. Sosthène.	jeudi	28	ss. Innocens.
merc	29	s. Saturnin.	vend	29	s. Th. de Can.
jeudi	30	s. André, ap.	same	30	ste Colombe.
			D.	31	s. Sylvestre.

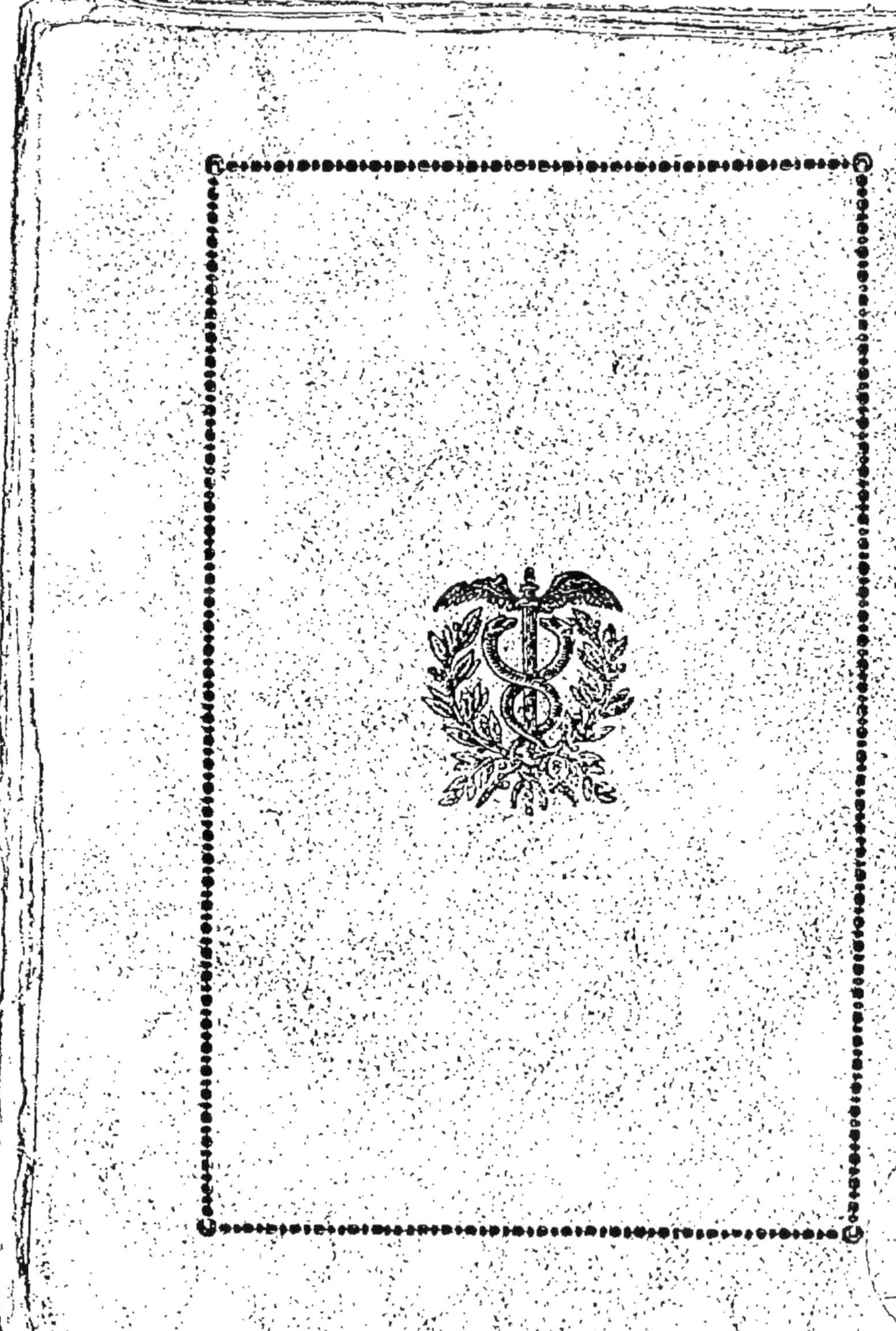

www.ingramcontent.com/pod-product-compliance
Ingram Content Group UK Ltd.
Pitfield, Milton Keynes, MK11 3LW, UK
UKHW021203220726
13924UKWH00003B/1292